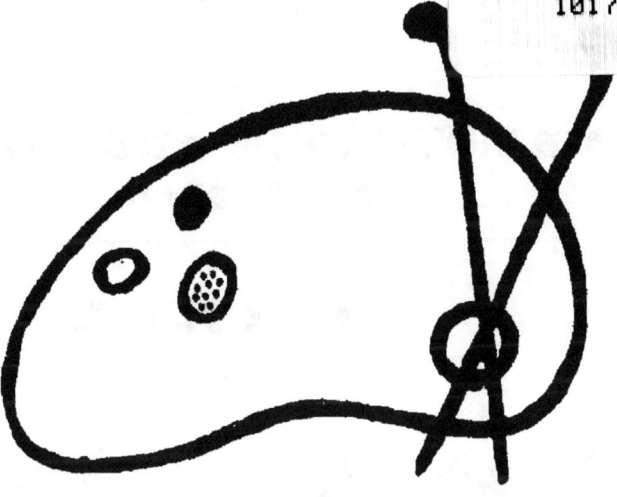

Début d'une série de documents
en couleur

BIBLIOTHÈQUE ANECDOTIQUE
ET LITTÉRAIRE

CH. NODIER

TRÉSOR DES FÈVES

ET

FLEUR DES POIS

Conte des Fées

Illustrations de Ch. CRESPIN

PARIS
LIBRAIRIE D'ÉDUCATION A. HATIER
33, QUAI DES GRANDS-AUGUSTINS, 33

Tous droits réservés

Fin d'une série de documents en couleur

BIBLIOTHÈQUE ANECDOTIQUE
ET LITTÉRAIRE

———

TRÉSOR DES FÈVES

ET

FLEUR DES POIS

Format petit in-8°

La vieille découvrit dans un coin... (Page 5.)

**BIBLIOTHÈQUE ANECDOTIQUE
ET LITTÉRAIRE**

CH. NODIER

TRÉSOR DES FÈVES

ET

FLEUR DES POIS

Conte des Fées

Illustrations de Ch. CRESPIN

**PARIS
LIBRAIRIE D'ÉDUCATION A. HATIER
33, QUAI DES GRANDS-AUGUSTINS, 33**

Tous droits réservés

TRÉSOR DES FÈVES

ET

FLEUR DES POIS

CONTE DES FÉES

Il y avait une fois un pauvre homme et une pauvre femme qui étaient bien vieux, et qui n'avaient jamais eu d'enfants : c'était un grand chagrin pour eux, parce qu'ils prévoyaient que dans quelques années ils ne pourraient plus cultiver leurs fèves et les aller vendre au marché. Un jour qu'ils sarclaient leur champ de fèves (c'était tout ce qu'ils possédaient avec une petite chaumière; je voudrais bien en avoir autant); un jour, dis-je, qu'ils sarclaient pour ôter les mauvaises herbes, la vieille découvrit dans un coin, sous les touffes les plus drues, un petit paquet fort bien troussé qui contenait un superbe garçon de huit à dix mois, comme il paraissait à son air, mais qui avait bien deux ans pour la raison, car il était déjà sevré. Tant il y a qu'il ne fit point de façon pour accepter les fèves bouillies qu'il porta aussitôt à sa bouche d'une manière fort délicate. Quand le vieux fut arrivé du bout de son champ aux acclamations de la vieille, et qu'il eut regardé à son tour le bel enfant que le bon Dieu leur donnait, le vieux et la vieille se mirent à s'embrasser en pleurant de joie ; et puis ils firent hâte de regagner la chaumine, parce que le serein qui tombait pouvait nuire à leur garçon.

Une fois qu'ils furent rendus au coin de l'âtre, ce fut bien un autre contentement, car le petit leur tendait les bras avec des rires charmants, et les appelait *maman* et *papa*, comme s'il ne s'en était jamais connu d'autres. Le vieux le prit donc sur son genou, et l'y fit sauter doucement, comme les demoiselles qui se promènent à cheval, en lui adressant mille paroles agréables, auxquelles l'enfant répondait à sa manière, pour ne pas être en reste avec le vieux dans une conversation si honnête. Et, pendant ce temps, la vieille allumait un joli feu clair de gousses de fèves sèches qui éclairaient toute la maison, afin de réjouir les petits membres du nouveau venu par une douce chaleur, et de lui préparer une excellente bouillie de fèves où elle délaya une cuillerée de miel qui en fit un manger délicieux. Ensuite elle le coucha dans ses beaux langes de fine toile qui étaient fort propres, sur la meilleure couchette de paille de fèves qu'il y eût à la maison, car, de la plume et de l'édredon, ces pauvres gens n'en connaissaient pas l'usage. Le petit s'y endormit très bien.

Quand le petit fut endormi, le vieux dit à

la vieille : « Il y a une chose qui m'inquiète, c'est de savoir comment nous appellerons ce bel enfant, car nous ne connaissons pas ses parents, et nous ne savons pas d'où il vient. — La vieille, qui avait de l'esprit, quoique ce ne fût qu'une simple femme de campagne, lui répondit sur-le-champ : Il faut l'appeler Trésor des Fèves, parce que c'est dans notre champ de fèves qu'il nous est venu, et que c'est un véritable trésor pour la consolation de nos vieux jours. » Le vieux convint qu'on ne pouvait rien imaginer de mieux.

Je ne vous dirai pas en détail comment se passèrent tous les jours suivants et toutes les années suivantes, ce qui allongerait beaucoup l'histoire. Il suffit que vous sachiez que les vieux vieillirent toujours, tandis que Trésor des Fèves devenait à vue d'œil plus fort et plus beau. Ce n'est pas qu'il eût beaucoup grandi, car il n'avait que deux pieds et demi à douze ans; et, quand il travaillait dans son champ de fèves, qu'il tenait en grande affection, vous l'auriez à grand'peine aperçu de la route ; mais il était si bien pris dans sa petite taille, si avenant de figure et de façons, si doux et cependant si résolu en paroles, si brave dans son sarrau bleu de ciel à rouge ceinture, et sous sa fine toque des dimanches au panache de fleurs de fèves, qu'on ne pouvait s'empêcher de l'admirer comme un vrai miracle de nature, en sorte qu'il y avait nombre de gens qui le croyaient génie ou fée.

Il faut avouer que bien des choses donnaient crédit à cette supposition du moyen peuple. D'abord, la chaumine et son champ de fèves, où une vache n'eût trouvé que brouter quelques années auparavant, étaient devenus un des bons domaines de la contrée, sans que l'on pût dire comment, car de voir des pieds de fèves qui poussent, qui fleurissent, qui passent fleur, et des fèves qui mûrissent dans leur gousse, il n'y a vraiment rien de plus ordinaire ; mais de voir un champ de fèves qui grandit sans qu'on y ait rien ajouté par acquisition ou par empiètement méchamment fait sur le terrain d'autrui, c'est ce qui passe la portée de l'entendement. Cependant le champ de fèves allait toujours grandissant et grandissant, grandissant à vent, grandissant à bise, grandissant à matin, grandissant à ponant; et les voisins avaient beau mesurer leurs terres, leur compte s'y trouvait toujours avec le bénéfice d'une sexterée ou deux, de manière qu'ils en vinrent à penser naturellement que tout le pays était en croissance. D'un autre côté, les fèves donnaient si fort, que la chaumine n'aurait pu contenir sa récolte, si elle ne s'était notablement élargie ; et cependant elles avaient manqué partout à plus de cinq lieues à la ronde, ce qui les rendait hors de prix, à cause du grand usage qu'on en faisait à la table des rois et des seigneurs. Au milieu de cette abondance, Trésor des Fèves suffisait à toutes choses, retournant la terre, triant les semences, mondant les plants, sarclant, fouissant, serfouant, moissonnant, écossant, et, de surcroît, entretenant soigneusement les haies et les échaliers ; après quoi il employait le temps qui lui restait à recevoir les acheteurs et à régler les marchés, car il savait lire, écrire et calculer sans avoir appris : c'était une véritable bénédiction.

Une nuit que Trésor des Fèves dormait, le vieux dit à la vieille : « Voilà Trésor des Fèves qui a porté un grand avantage à notre bien, puisqu'il nous a mis en état de passer doucement, sans rien faire, quelques années qui nous restent à vivre encore. En lui donnant par testament l'héritage de tout ceci, nous n'avons fait que lui rendre ce qui lui appartient : mais nous serions ingrats envers cet enfant si nous n'avisions à lui procurer un rang plus convenable dans le monde que celui de marchand de fèves. C'est bien dommage qu'il soit trop modeste pour avoir brevet de savant dans les universités, et un tantet trop petit pour être général.

— C'est dommage, dit la vieille, qu'il n'ait pas étudié pour apprendre le nom de cinq ou six maladies en latin ; on le recevrait médecin tout de suite.

— Quant aux procès, continua le vieux, j'ai peur qu'il n'ait trop d'esprit et de raison pour en jamais débrouiller un seul. (Remarquez qu'on n'avait pas encore inventé les philanthropes.)

— J'ai toujours eu en idée, reprit la vieille, qu'il épouserait Fleur des Pois quand il serait d'âge.

— Fleur des Pois, dit le vieillard en hochant la tête, est bien trop grande princesse pour épouser un pauvre enfant trouvé, qui

Trésor des Fèves.

n'aura vaillant qu'une chaumine et un champ de fèves. Fleur des Pois, ma mie, est un parti pour le sous-préfet ou pour le procureur du roi, et peut-être pour le roi lui-même, s'il devenait veuf. Nous parlons ici de choses sérieuses, et vous n'êtes pas raisonnable.

— Trésor des Fèves l'est plus que nous deux ensemble, répondit la vieille, après avoir un brin réfléchi. C'est d'ailleurs lui que l'affaire concerne, et il serait de mauvaise grâce de la pousser plus avant sans le consulter. » Là-dessus le vieux et la vieille s'endormirent profondément.

Le jour commençait à poindre quand Trésor des Fèves sauta de son lit pour aller au champ selon sa coutume. Qui fut étonné? ce fut lui, de ne trouver que ses habits de fête au bahut où il avait rangé les autres en se couchant. « C'est cependant jour ouvrable ou jamais, si le calendrier n'est en défaut, dit-il à part lui; et il faut que ma mère ait quelque saint à chômer, dont je n'ouïs parler de ma vie, pour m'avoir préparé durant la nuit mon beau sarrau et ma toque de cérémonie. Qu'il soit fait pourtant comme elle l'entend, car je ne voudrais pas la contrarier en rien dans son grand âge, et quelques heures perdues se retrouveront aisément sur ma semaine, en me levant plus tôt et rentrant plus tard. » Sur quoi Trésor des Fèves s'habilla aussi galamment qu'il le put, après avoir prié Dieu pour la santé de ses parents et la prospérité de ses fèves.

Comme il se disposait à sortir, afin d'avoir au moins un coup d'œil à donner à ses échaliers avant le réveil de la vieille et du vieux, il rencontra la vieille sur l'huis, qui apportait un bon brouet tout fumant, et le plaça sur sa petite table avec une cuiller de bois : « Mange, mange, lui dit-elle, et ne te fais pas faute de ce brouet au miel avec une pointe d'anis vert, comme tu l'aimais quand tu étais encore tout enfant, car tu as du chemin, mon mignon, et beaucoup de chemin à faire aujourd'hui.

— Voilà qui est bien, dit Trésor des Fèves en la regardant d'un air étonné ; mais où donc m'envoyez-vous ? »

La vieille s'assit sur une escabelle qui était là, et les deux mains sur ses genoux : « Dans le monde, répondit-elle en riant, dans le monde, mon petit trésor ! tu n'as jamais vu que nous, et deux ou trois méchants regrattiers auxquels tu vends tes fèves pour fournir aux dépenses de la maisonnée, digne garçon que tu es ; et, comme tu dois être un jour un grand monsieur, si le prix des fèves se soutient, il est bon, mon mignon, que tu fasses des connaissances dans la belle société. Il faut te dire qu'il y a une grande ville, à trois quarts de lieue d'ici, où l'on rencontre à chaque pas des seigneurs en habit d'or et des dames en robe d'argent, avec des bouquets de roses tout autour. Ta jolie petite mine si gracieuse et si éveillée ne manquera pas de les frapper d'admiration ; et je serai bien trompée si tu passes le jour sans obtenir quelque profession honorable où l'on gagne beaucoup d'argent sans travailler, à la cour ou dans les bureaux. Mange donc, mange, mignon, et ne te fais pas faute de ce brouet au miel avec une pointe d'anis vert.

Comme tu connais mieux la valeur des fèves que celle de la monnaie, continua la vieille, tu vendras au marché ces six litrons de fèves choisies à la grande mesure. Je n'en ai pas mis davantage pour ne pas te charger; avec cela, les fèves sont si chères au temps présent, que tu serais bien empêché d'en rapporter le prix, quand on te payerait tout en or. Aussi, nous entendons, ton père et moi, que tu en emploieras moitié à t'ébaudir honnêtement, comme il convient à ton âge, ou en achat de quelques joyaux bien ouvrés, propres à te récréer le dimanche, tels que montres d'argent à breloques de rubis ou d'émeraudes, bilboquets d'ivoire et toupie de Nuremberg. Le reste du montant, tu le verseras à la caisse.

Pars donc, mon petit Trésor, puisque tu as fini ton brouet, et avise de ne pas t'attarder en courant après les papillons, car nous mourrions de douleur si tu ne rentrais avant la nuit. Garde aussi les chemins battus, crainte des loups.

— Vous serez obéie, ma mère, dit Trésor des Fèves en embrassant la vieille, quoique j'aimasse mieux pour mon plaisir passer la journée aux champs. Quant aux loups, je n'en ai cure avec ma serfouette. »

Disant cela, il pendit hardiment sa serfouette à sa ceinture, et partit d'un pas délibéré.

— Reviens de bonne heure, lui cria longtemps la vieille, qui regrettait déjà de l'avoir laissé partir.

Trésor des Fèves marcha, marcha, faisant des enjambées terribles comme un homme de cinq pieds, et regardant deci, delà, les choses d'apparence inconnue qui se trouvaient sur sa route, car il n'avait jamais pensé que la terre fût si grande et si curieuse. Cependant, quand il eut marché plus d'une heure, ce qu'il jugeait à la hauteur du soleil, et comme il s'étonnait de n'être pas encore rendu à la ville au train qu'il était allé, il lui sembla qu'on le recriait :

— Bou, bou, bou, bou, bou, bou, tui ! arrêtez, monsieur Trésor des Fèves, on vous en prie !

— Qui m'appelle? dit Trésor des Fèves, en mettant fièrement la main sur sa serfouette.

— De grâce, arrêtez ici, monsieur Trésor des Fèves ! Bou, bou, bou, bou, bou, bou, tui ! c'est moi qui vous parle.

— Est-il vrai? dit Trésor des Fèves en dressant son regard jusqu'au sommet d'un vieux

Un maître hibou se berçait lourdement... (Page 23.)

pin caverneux et demi-mort, sur lequel un maître hibou se berçait lourdement au souffle du vent; et qu'avons-nous à démêler ensemble, mon bel oiseau?

— Ce serait merveille que vous me reconnussiez, répliqua le hibou, car je ne vous ai obligé qu'à votre insu, comme doit faire un hibou délicat, modeste et homme de bien, en mangeant, un à un, à mes risques et périls, les canailles de rats qui grignotaient, bon an mal an, la moitié de votre récolte; mais c'est ce qui fait que votre champ vous rapporte aujourd'hui de quoi acheter quelque part un joli royaume, si vous savez vous contenter. Quant à moi, victime malheureuse et désintéressée du dévouement, je n'ai pas au crochet un misérable rat maigre pour mes bons jours, mes yeux s'étant tellement affaiblis à votre service que j'ai peine à me diriger même de nuit. Je vous appelais donc, généreux Trésor des Fèves, pour vous prier de m'octroyer un de ces bons litrons de fèves que vous portez pendus à votre bâton, et qui suffirait à soutenir ma triste existence jusqu'à la majorité de mon aîné, que vous pouvez compter pour féal.

— Ceci, monsieur du hibou, s'écria Trésor des Fèves en détachant du bout de son bâton un des trois litrons de fèves qui lui appartenaient, c'est la dette de la reconnaissance, et j'ai plaisir à l'acquitter.

Le hibou s'abattit dessus, le saisit des serres et du bec, et d'un tire-d'aile il l'emporta sur son arbre.

— Oh ! que vous partez donc vite ! reprit Trésor des Fèves. Oserais-je vous demander, monsieur du hibou, si je suis encore loin du monde où ma mère m'envoie ?

— Vous y entrez, mon ami, dit le hibou ; et il alla se percher ailleurs.

Trésor des Fèves se remit donc en chemin, allégé d'un de ses litrons, et comme sûr qu'il ne tarderait pas d'arriver; mais il n'avait pas fait cent pas qu'il s'entendit appeler encore.

— Béé-é, béé-é, béé-é, bekki! Arrêtez ci, monsieur Trésor des Fèves, on vous en prie.

— Je crois connaître cette voix, dit Trésor des Fèves en se retournant. Eh! oui, vraiment, c'est cette mièvre effrontée de chevrette de montagne, qui rôdait toujours avec ses six petits autour de mon champ pour me rafler quelque bonne lippée. Vous voilà donc, madame la maraudeuse!

— Que dites-vous de marauder, joli Trésor! Ah! vos haies étaient bien trop frondues, vos fossés trop profonds, et vos échaliers trop serrés pour cela! Tout ce qu'on pouvait faire était de tondre le bout de quelques feuilles qui for-issaient entre les joints de la claie, et c'est au grand bénéfice des pieds que nous émondons, comme dit le commun proverbe :

Dent de mouton porte nuisance,
Et dent de chevrette abondance.

— Voilà qui suffit, dit Trésor des Fèves, et le mal que je vous ai souhaité, puisse-t-il m'advenir incontinent ! Mais qu'aviez-vous à m'arrêter, et que saurais-je faire qui vous fût à gré, dame chevrette?

— Hélas ! répondit-elle en versant de grosses larmes... Béé-é, béé-é, bekki... c'est pour vous dire qu'un méchant loup a mangé mon mari le chevret, et que nous sommes en grande misère, l'orpheline et moi, depuis qu'il ne va plus fourrager pour nous, de sorte qu'elle est en danger de mourir de male-faim, si vous ne lui portez aide, la malheureuse biquette! Je vous appelais donc, noble Trésor, pour vous prier de nous faire la charité d'un de ces bons litrons de fèves que vous portez pendus à votre bâton, et qui nous serait un suffisant réconfort, en attendant que nous ayons reçu des secours de nos parents.

La chevrette disparut dans le hallier... (Page 28.)

— Ceci, dame chevrette, s'écria Trésor des Fèves, en détachant du bout de son bâton un des deux litrons de fèves qui lui appartenaient encore, c'est œuvre de bienfaisance et de compassion que je me tiens heureux d'accomplir.

La chevrette le happa du bout des lèvres, et d'un bond disparut dans le hallier.

— Oh! que vous partez donc vite! reprit Trésor des Fèves. Oserais-je vous demander, ma voisine, si je suis encore loin du monde où ma mère m'envoie?

— Vous y êtes déjà, cria la chevrette en s'enfonçant parmi les broussailles.

Et Trésor des Fèves se remit en chemin, allégé de deux de ses litrons, et cherchant du regard les murailles de la ville, quand il s'aperçut, à quelque bruit qui se faisait sur la lisière du bois, qu'il devait être suivi de près. Il s'avança soudainement de ce côté, sa serfouette ouverte à la main; et bien lui en prit, car le compagnon qui l'escortait à pas de loup n'était autre qu'un vieux loup dont la physionomie ne promettait rien d'honnête.

— C'est donc vous, maligne bête, dit Trésor des Fèves, qui me réserviez l'honneur de figurer chez vous au banquet de la vesprée ? Heureusement ma serfouette a deux dents qui valent bien toutes les vôtres, sans vous faire tort ; et il faut vous tenir pour dit, mon compère, que vous souperez aujourd'hui sans moi. Regardez-vous de plus comme bien chanceux, s'il vous plaît, que je ne venge pas sur votre vilaine personne le mari de la chevrette, qui était le père de la biquette, et dont la famille est réduite par votre cruauté à une piteuse misère. Je le devrais peut-être, et je le ferais justement, si je n'avais été nourri dans l'horreur du sang, jusqu'au point de ménager celui des loups !

Le loup, qui avait écouté jusqu'alors en toute humilité, partit subitement d'une longue et plaintive exclamation, en élevant les yeux au ciel comme pour le prendre à témoin :

— Puissance divine qui m'avez donné la robe des loups, dit-il en sanglotant, vous savez si j'en ai jamais senti dans mon cœur les mauvaises inclinations ! Vous êtes maître cependant, monseigneur, ajouta-t-il avec abandon, la tête respectueusement penchée vers Trésor des Fèves, de disposer de ma triste vie, que je remets à votre merci, sans crainte et sans remords. Je périrai content de vos mains, s'il vous convient de m'immoler en expiation des crimes trop avérés de ma race ; car je vous ai toujours aimé tendrement et parfaitement honoré, depuis le temps où je prenais un innocent plaisir à vous caresser au berceau, quand madame votre mère n'y était pas. Vous étiez dès lors de si bonne mine, et si imposante, qu'on aurait deviné, rien qu'à vous voir, que vous deviendriez un prince puissant et magnanime comme vous êtes. Je vous prie seulement de croire, avant de me condamner, que je n'ai pas trempé mes pattes sanglantes à l'assassinat perpétré sur l'époux infortuné de la chevrette. Élevé dans les prin-

Et le loup pleura... (Page 32.)

cipes d'abstinence et de modération auxquels

je n'ai failli de toute ma vie de loup, j'étais alors en mission pour répandre les saines doctrines de la morale parmi les tribus lupines qui relèvent de ma communauté, et pour les amener graduellement, par l'enseignement et par l'exemple, à la pratique d'un régime frugal, qui est le but essentiel de la perfectibilité des loups. Je vous dirai mieux, monseigneur, l'époux de la chevrette fut mon ami ; je chérissais en lui d'heureuses dispositions, et nous voyageâmes souvent ensemble en devisant, parce qu'il avait beaucoup d'esprit naturel et de goût pour apprendre. Une malheureuse rixe de préséance (vous savez combien le caractère de sa nation est chatouilleux sur ce chapitre) occasionna sa mort en mon absence, et je ne m'en suis pas consolé.

Et le loup pleura, ce semblait, du profond de son cœur, ni plus ni moins que la chevrette.

— Vous me suiviez pourtant, dit Trésor

des Fèves, sans remboîter le double fer de sa serfouette.

— Il est vrai, monseigneur, répondit le loup en câlinant; je vous suivais dans l'espérance de vous intéresser à mes vues bénévoles et philosophiques en quelque endroit plus propre à la conversation. Las! me disais-je, si monseigneur Trésor des Fèves, dont la réputation est si étendue et si accréditée dans le pays, voulait contribuer de sa part au plan de réforme que j'ai fait, il en aurait une belle occasion aujourd'hui; je suis caution qu'il ne lui en coûterait qu'un des litrons de bonnes fèves qu'il porte pendus à son bâton, pour affriander une table d'hôte de loups, de louvats et de louveteaux, à la vie granivore, et pour sauver des générations innombrables de chevrettes et de chevrets, de biquettes et de biquets.

— C'est le dernier de mes litrons, pensa Trésor des Fèves; mais qu'ai-je affaire de bilboquet, de rubis et de toupie? et qu'est-ce qu'un plaisir d'enfant au prix d'une action utile!

— Voilà ton litron de fèves! s'écria-t-il en détachant du bout de son bâton le dernier des litrons que sa mère lui avait donnés pour ses menus plaisirs, mais sans fermer sa serfouette.

— C'est le reste de ma fortune, ajouta-t-il; mais je n'y ai point de regrets, et je te serai reconnaissant, ami loup, si tu en fais le bon usage que tu m'as dit.

Le loup y enfonça ses crocs, et l'emporta d'un trait vers sa tanière.

— Oh! que vous partez donc vite! reprit Trésor des Fèves. Oserais-je vous demander, messire loup, si je suis encore loin du monde où ma mère m'envoie?

— Tu y es depuis longtemps, répondit le loup en riant de travers, et tu y resterais bien mille ans, sans voir autre chose que ce que tu as vu.

Trésor des Fèves se remit alors en chemin, allégé de ses trois litrons, et cherchant toujours du regard les murailles de la ville, qui ne se montraient jamais. Il commençait à céder à la lassitude et à l'ennui, quand des cris perçants qui partaient d'un petit sentier détourné réveillèrent son attention. Il courut au bruit.

— Qu'est-ce, dit-il, la serfouette à la main, et qui a besoin de secours ? Parlez, car je ne vous vois pas.

— C'est moi, monsieur Trésor des Fèves ; c'est Fleur des Pois, répondit une petite voix pleine de douceur, qui vous prie de la délivrer de l'embarras où elle se trouve; il ne faut que vouloir, et il ne vous en coûtera guère.

— Eh! vraiment, Madame, je n'ai point coutume de regarder à ce qu'il m'en coûtera pour obliger! Vous pouvez disposer de ma fortune et de mon bien, continua-t-il, à l'exception de ces trois litrons de fèves que je porte pendus à mon bâton, parce qu'ils ne m'appartiennent pas, mais à mon père et à ma mère, et que j'ai donné tout à l'heure ceux qui étaient miens à un vénérable hibou, à un saint homme de loup qui prêche comme un ermite, et à la plus intéressante des chevrettes de montagne. Il ne me reste pas une seule fève que j'aie licence de vous offrir.

— Vous vous moquez, reprit Fleur des Pois, un peu piquée. Qui vous parle de vos fèves, seigneur ? Je n'ai que faire de vos fèves, grâce à Dieu ; et on ne sait ce que c'est dans mon office. Le service que je vous demande, c'est de mettre le doigt sur le bouton de ma calèche pour en relever la capote, sous laquelle je suis prête d'étouffer.

— Je ne demanderais pas mieux, Madame, s'écria Trésor des Fèves, si j'avais l'honneur de voir votre calèche ; mais il n'y a pas ombre de calèche dans ce sentier, qui me paraît

Fleur des Pois.

d'ailleurs peu voyable aux équipages. Cependant je ne mettrai pas longtemps meshuy à la découvrir, car je vous entends de bien près.

— Eh quoi! dit-elle, en s'éclatant de rire, vous ne voyez pas ma calèche! vous avez failli l'écraser en courant comme un étourdi! Elle est devant vous, aimable Trésor des Fèves, et il est facile de la reconnaître à son apparence élégante, qui a quelque chose de celle d'un pois chiche.

— Tellement l'apparence d'un pois chiche, rumina Trésor des Fèves en s'accroupetonnant, que je me serais laissé pendre avant d'y voir autre chose qu'un pois chiche.

Un coup d'œil suffit pourtant à Trésor des Fèves pour remarquer que c'était un fort gros pois chiche, plus rond qu'orange, et plus jaune que citron, porté sur quatre petites roues d'or, et muni d'un joli porte-manteau qui était fait d'une petite gousse de pois, verte et lustrée comme maroquin.

Il se hâta de mettre la main sur le bouton, et la porte s'ouvrit.

Fleur des Pois en jaillit comme une graine de balsamine, et tomba leste et joyeuse sur ses talons. Trésor des Fèves se releva émerveillé, car il n'avait jamais rien imaginé d'aussi beau que Fleur des Pois. C'était, en effet, le minois le plus accompli qu'un peintre puisse inventer: des yeux longs comme des amandes, violets comme des betteraves, aux regards pointus comme des alênes, et une bouche fine et moqueuse qui ne s'entr'ouvrait à demi que pour laisser voir des dents blanches comme albâtre et luisantes comme émail. Sa robe courte un peu bouffante, panachée de flammes roses, comme les fleurs qui viennent aux pois, parvenait à peine à moitié de ses jambes faites au tour, chaussées d'un bas de soie blanc aussi tendu que si on y avait employé le cabestan, et terminées par des pieds si mignons qu'on ne pouvait les voir sans envier le bonheur du cordonnier qui les avait de sa main emprisonnés dans le satin.

— De quoi t'étonnes-tu? dit Fleur des Pois. (Ce qui prouve, par parenthèses, que Trésor des Fèves n'avait pas l'air extrêmement spirituel dans ce moment-là.)

Trésor des Fèves rougit; mais il se remit bientôt. — Je m'étonne, répondit-il modestement, qu'une aussi belle princesse, qui est à peu près de ma taille, ait pu tenir dans un pois chiche.

— Vous déprisez mal à propos ma calèche, Trésor des Fèves, reprit Fleur des Pois. On y voyage très commodément quand elle est ouverte; et c'est par hasard que je n'y ai pas mon grand écuyer, mon aumônier, mon gouverneur, mon secrétaire des commandements, et deux ou trois de mes femmes. J'aime à me promener seule, et ce caprice m'a valu l'accident qui m'est arrivé. Je ne sais si vous avez jamais rencontré en société le roi des Grillons, qui est fort reconnaissable à son masque noir et poli comme celui d'Arlequin, à deux cornes droites et mobiles, et à certaine symphonie de mauvais goût dont il a coutume d'accompagner ses moindres paroles. Le roi des Grillons me faisait la grâce de m'aimer; il n'ignorait pas que ma minorité expire aujourd'hui, et qu'il est de l'usage des princesses de ma maison de prendre un mari à dix ans. Il s'est donc trouvé sur ma route, suivant l'usage, pour m'obséder du tintamarre infernal de ses carillonnantes déclarations, et je lui ai répondu, comme à l'ordinaire, en me bouchant les oreilles!

— O bonheur! dit Trésor des Fèves enchanté ; vous n'épouserez pas le roi des Grillons!

— Je ne l'épouserai pas, répondit Fleur des Pois avec dignité. Mon choix était fait. — Je ne lui eus pas plutôt signifié ma résolution, que l'odieux Cri-Cri (c'est le nom de ce monarque) s'élança d'un bond sur ma voiture, comme s'il avait voulu la dévorer, et qu'il en fit brutalement tomber la capote. — Marie-toi maintenant, me dit-il, impertinente mijaurée ! marie-toi, si tu peux, et si jamais mari vient te chercher dans cet équipage ! Quant à moi, je ne fais pas plus de cas de ton royaume et de ta main que d'un pois chiche.

— Si vous pouviez me dire en quel trou le roi des Grillons s'est caché, s'écria Trésor des Fèves furieux, je l'aurais bientôt déterré avec ma serfouette, et je l'amènerais pieds et poings liés, princesse, à votre discrétion. — Je comprends cependant son désespoir, ajouta-t-il en laissant tomber son front sur sa main. — Mais ne pensez-vous pas qu'il faut que je vous accompagne jusque dans vos États, pour vous mettre à l'abri de ses poursuites ?

— Il le faudrait, en effet, magnanime Trésor des Fèves, si j'étais loin de ma frontière ; mais voilà un champ de pois musqués où je ne compte que des sujets fidèles, et dont l'approche est interdite à mon ennemi. — Ainsi parlant, elle frappa la terre du pied et tomba suspendue des deux bras à deux tiges penchantes qui s'inclinèrent et se relevèrent sous elle, en semant ses cheveux des débris de leurs fleurs parfumées.

Pendant que Trésor des Fèves se complaisait à la regarder, et je vous réponds que j'y aurais pris plaisir moi-même, elle le fixait des traits acérés de ses yeux, et le liait des petits plis de son sourire, tellement qu'il aurait voulu mourir dans la joie de la voir ainsi, et qu'il y serait peut-être encore si elle ne l'avait averti.

— C'est trop vous avoir retenu, lui dit-elle, car je sais que le commerce des fèves est fort affaireux par le temps qui court; mais ma calèche, ou plutôt la vôtre, vous fera regagner les moments perdus. Ne m'offensez pas, je vous prie, du refus d'un si mince cadeau. J'ai des millions de calèches pareilles dans les greniers du château, et, quand j'en veux une nouvelle, je la trie sur le volet au milieu d'une poignée, et donne le reste aux souris.

— Le moindre des bienfaits de votre altesse ferait la gloire et le bonheur de ma vie, répondit Trésor des Fèves ; mais elle ne pense pas que je suis encore chargé de provisions. Or, je conçois à merveille, si bien mesurées que soient mes fèves, qu'il y aurait moyen de faire entrer assez commodément votre calèche dans un de mes litrons ; mais mes litrons dans votre calèche, c'est une chose impossible.

— Essaye, dit Fleur des Pois en riant et en se balançant à ses fleurs ; essaie, et ne t'émerveille pas de tout, comme un enfant qui n'a rien vu. — En effet, Trésor des Fèves n'éprouva aucune difficulté à placer les trois litrons dans la caisse de la voiture; elle en aurait contenu trente et davantage. Il fut un peu mortifié.

— Je suis prêt à partir, Madame, reprit-il en se plaçant lui-même sur un coussin bien rembourré dont l'ampleur lui permettait de s'accommoder fort agréablement dans toutes les positions, jusqu'à s'y coucher tout du long s'il lui en avait pris envie. Je dois à la tendresse de mes parents de ne pas leur laisser d'inquiétude sur ce que je suis devenu à notre première séparation, et je n'attends plus que votre cocher qui s'est enfui épouvanté, sans doute, à l'incartade grossière du roi des Grillons, en reconduisant l'attelage et en emportant les brancards. Alors j'abandonnerai ces lieux avec l'éternel regret de vous avoir vue sans espérer de vous revoir.

— Bon! repartit Fleur des Pois, sans avoir l'air de prendre garde à cette dernière partie du discours de Trésor des Fèves, qui tirait fort à conséquence ; bon ! ma calèche n'a ni cocher, ni brancards, ni attelage : elle marche à la vapeur, et il n'y a pas d'heure où elle ne fasse aisément cinquante mille lieues. Je te demande si tu seras en peine de retourner chez toi quand cela te conviendra. Il suffira que tu retiennes bien le geste et le mot dont je me servirai pour la mettre en route. — Le porte-manteau contient différents objets qui peuvent te servir en voyage, et qui t'appartiennent sans réserve. En l'ouvrant à la manière dont tu ouvrirais une gousse de pois verts, tu y trouveras trois écrins de la forme et de la juste grosseur d'un pois, suspendus chacun d'un fil léger qui les soutient dans leur étui comme des pois en cosse, de telle façon qu'ils ne puissent se heurter dommageablement dans les déménagements et le transport : c'est un travail merveilleux. Ils céderont à la pression de ton doigt comme le soufflet de ma calèche, et tu n'auras plus qu'à en semer le contenu en terre dans un trou fait à la pointe de ta serfouette, pour voir poindre, tresir, éclore tout ce que tu auras souhaité. N'est-ce pas miracle, cela ? Retiens bien seulement que, le troisième épuisé, il ne me reste rien à t'offrir, car je n'ai à moi que trois pois verts, comme tu n'avais que trois litrons de fèves, et la plus belle fille du monde ne peut donner que ce qu'elle a. — Es-tu disposé à te mettre en route maintenant ?

Sur le signe affirmatif de Trésor des Fèves, qui ne se sentait pas la force de parler, Fleur des Pois fit claquer le pouce de sa main droite contre le doigt du milieu, en criant : « Partez, pois chiche ! »

Et le pois chiche était à plus de quinze cents kilomètres du champ musqué de Fleur des Pois, que les yeux de Trésor des Fèves la cherchaient encore inutilement. Hélas ! dit-il.

C'est que ce serait faire tort à la célérité du

pois chiche que de dire qu'il parcourait l'espace avec la célérité d'une balle d'arquebuse. Les bois, les villes, les montagnes, les mers disparaissaient incomparablement plus vite sur son passage que les ombres chinoises de Séraphin sous la baguette du fameux magicien Rotomago. Les horizons les plus lointains se dessinaient dans à peine une immense profondeur, qu'ils s'étaient précipités sur le pois chiche, et que Trésor des Fèves se serait efforcé en vain de les retrouver derrière lui. Pendant qu'il se retournait, crac, ils n'y étaient plus. Enfin il avait plusieurs fois repris l'avance sur le soleil; plusieurs fois il l'avait rejoint au retour pour le devancer encore, dans de brusques alternatives de jour et de nuit, quand Trésor des Fèves se douta qu'il avait laissé de côté la ville qu'il allait voir, et le marché où il portait vendre ses litrons.

— Les ressorts de cette voiture sont un

Les bois, les villes, les montagnes disparaissaient... (Page 48.)

peu gais, imagina-t-il soudain ; car on n'oublie pas qu'il était doué d'un esprit très subtil. Elle est partie à l'étourdie avant que Fleur des Pois eût achevé de s'expliquer sur ma destination, et il n'y a pas de raison pour que ce voyage finisse dans tous les siècles des siècles, cette aimable princesse, qui est assez évaporée, comme le comporte sa jeunesse, ayant bien pensé à me dire en quelle sorte on mettait sa calèche en route, mais non pas ce qu'il fallait faire pour l'arrêter.

Effectivement Trésor des Fèves s'était servi sans succès de toutes les interjections mal sonnantes qu'il eût jamais recueillies, pudeur gardée, de la bouche blasphématoire des voiturins et des muletiers, gens de pauvre éducation et de méchant langage. La diantre de calèche allait toujours, elle n'allait que de plus belle ; et, pendant qu'il fouillait dans sa mémoire pour varier ses apostrophes de plus d'euphémismes que n'en pourrait enseigner la rhétorique, madame la calèche coupait des latitudes à la course, et passait sur le ventre de dix royaumes qui n'en pouvaient mais. — Le diable t'emporte, chienne de calèche! s'écriait Trésor des Fèves; — et le diable obéissant ne manquait pas d'emporter la calèche des tropiques aux pôles, ou des pôles aux tropiques, et de la ramener par tous les cercles de la sphère, sans égard au changement insalubre des températures. Il y avait de quoi rôtir ou se morfondre avant peu, si Trésor des Fèves n'avait été doué, ainsi que nous l'avons dit souvent, d'une admirable intelligence.

— Voire, dit-il en lui-même, puisque Fleur des Pois l'a lancée à travers le monde, en lui disant: « Partez, pois chiche!... » on l'arrêterait peut-être en lui disant le contraire. Cela était extrêmement logique.

— Arrêtez, pois chiche! cria Trésor des Fèves en faisant claquer le pouce de sa main droite contre le doigt du milieu, comme il l'avait vu faire à Fleur des Pois.

Voyez si une académie tout entière aurait aussi bien trouvé! Le pois chiche s'arrêta si juste que vous ne l'auriez pas mieux arrêté, en le fichant sur terre avec un clou. Il ne bougea.

Trésor des Fèves descendit de son équipage, le ramassa précieusement, et le laissa couler dans une bougette de cuir qu'il avait à sa ceinture pour y serrer les échantillons de ses fèves, mais après en avoir retiré le porte-manteau.

L'endroit où la calèche de Trésor des Fèves s'était ainsi butée à son ordre n'est pas décrit par les voyageurs. Bruce le place aux sources du Nil, M. Douville au Congo, et M. Caillé à Tombouctou. C'était une plaine sans bornes, si sèche, si rocailleuse et si sauvage, qu'il n'y avait pas un buisson sous lequel gîter, ni une mousse du désert pour reposer sa tête endormie, ni une feuille nourricière ou rafraîchissante pour apaiser la faim et la soif. Trésor des Fèves ne s'inquiéta point. Il fendit proprement de l'ongle son porte-manteau, et il en détacha un des trois petits écrins dont Fleur des Pois lui avait fait la description.

Ensuite, il l'ouvrit comme il avait fait de la calèche, et semant son contenu en terre, à la pointe de la serfouette : « Il en arrivera ce qui pourra, dit-il, mais j'aurais grand besoin d'un pavillon pour me couvrir cette nuit, ne fût-il que d'une plante de pois en fleur; d'un petit régal pour me nourrir, ne fût-il que d'une purée de pois au sucre; et d'un lit pour me coucher, ne fût-il que d'une plume de colibri. Aussi bien, je ne saurais revoir mes parents d'aujourd'hui, tant je me sens pressé d'appétit, et courbatu de la fatigue du voyage. »

Trésor des Fèves n'avait pas fini de parler,

qu'il vit sourdre du sable un superbe pavillon en forme de plante de pois, qui monta, grandit, s'épanouit au loin, s'appuya, d'espace en espace, sur dix échalas d'or, se répandit de toutes parts en gracieuses tentures de feuillage, parsemées de fleurs de pois, et s'arrondit en arcades innombrables, dont chacune supportait à la clef de son cintre un riche lustre de cristal chargé de bougies musquées. Tout le fond des arcades était garni de glaces de Venise, d'une hauteur démesurée, qui n'avaient pas le moindre défaut, et qui réfléchissaient les lumières à éblouir d'une lieue la vue d'un aigle de sept ans.

Sous les pieds de Trésor des Fèves, une feuille de pois, tombée d'accident de la voûte, s'élargit en magnifique tapis diapré de toutes les couleurs de l'arc-en-ciel et d'une multitude d'autres. Bien plus, ce tapis était bordé de guéridons de bois d'aloès et de sandal, qui semblaient prêts à s'affaisser sous le poids des pâtisseries et des confitures, ou sur lesquels des fruits glacés au marasquin cernaient élégamment dans leurs coupes de porcelaine surdorée une bonne jatte de purée de petits pois au sucre, marbrée à sa surface de raisins de Corinthe noirs comme le jais, de vertes pistaches, de dragées de coriandre et de tranches d'ananas.

Au milieu de toutes ces pompes, Trésor des Fèves ne fut cependant pas en peine de reconnaître son lit, c'est-à-dire la plume de colibri qu'il avait souhaitée, et qui scintillait dans un coin, comme une escarboucle tombée de la couronne du grand Mogol, quoiqu'elle fût si petite qu'on l'aurait cachée d'un grain de mil. Trésor des Fèves pensa d'abord que ce sommier répondait peu au reste des commodités du pavillon ; mais, à mesure qu'il regardait la plume de colibri, elle se mit à foisonner tellement qu'il eut bientôt des plumes de colibri à la hauteur de la main.

C'était un front de bataille où reluisaient deux cents yeux...
(Page 60.)

couchette de molles topazes, de flexibles saphirs et d'opales élastiques où un papillon aurait enfoncé en s'y posant. — Assez, dit Trésor des Fèves, assez, plume de colibri ! je dormirai trop bien comme cela !

Que notre voyageur ait fait fête à son banquet, et qu'il eût hâte de se reposer, cela n'a pas besoin d'être dit. L'amour lui trottait bien un peu dans la tête ; mais douze ans ne sont pas l'âge où l'amour ôte le sommeil, et Fleur des Pois, à peine vue, n'avait laissé à sa pensée que l'impression d'un rêve charmant, dont le sommeil seul pouvait lui rendre l'illusion. Raison de plus pour dormir, s'il vous en souvient comme à moi. Toutefois, Trésor des Fèves était trop prudent pour s'abandonner à cette joie paresseuse avant de s'être assuré de l'extérieur de son pavillon, dont l'éclat suffisait pour attirer de fort loin les voleurs et les gens du roi. Il y en a en tous pays. Il sortit donc de l'enceinte magique, la serfouette ouverte à la main, comme d'habitude, pour faire le tour de sa tente, et aviser au bon état de son campement.

Aussitôt qu'il fut parvenu à son extrême frontière (c'était un petit ravin creusé par les eaux, et que la biquette aurait franchi sans façon), Trésor des Fèves s'arrêta, transi du frisson d'un homme de cœur, car le vrai courage a des terreurs communes à notre pauvre humanité, et ne s'affermit en lui-même que par réflexion. Il y avait, ma foi! de quoi réfléchir au spectacle dont je parle!

C'était un front de bataille où reluisaient dans l'obscurité d'une nuit sans étoiles deux cents yeux ardents et immobiles, au-devant desquels couraient sans relâche de la droite à la gauche, de la gauche à la droite et sur les flancs, deux yeux perçants et obliques dont l'expression indiquait assez la ronde d'un général fort actif. Trésor des Fèves ne connaissait ni Lavater, ni Gall, ni Spurzheim;

il n'était pas de la société phrénologique, mais il avait l'instinct de simple nature qui instruit tous les êtres créés à discerner de loin la physionomie d'un ennemi ; et il n'eut pas regardé un moment le commandant en chef de cette louvetaille affamée, sans reconnaître en lui un loup couard et patelin qui lui avait adroitement escroqué, sous couleur de philosophie et de vertu, le dernier de ses litrons.

— Messire loup, dit Trésor des Fèves, n'a pas perdu de temps pour rassembler son bercail et le mettre à ma poursuite ! Mais par quel mystère ont-ils pu me rejoindre, tous tant qu'ils sont, si ces vauriens de loups n'ont aussi voyagé en pois chiche ? — C'est probablement, reprit-il en soupirant, que les secrets de la science ne sont pas inconnus des méchants ; et je n'oserais jurer, quand j'y pense, que ce ne sont pas eux qui les ont inventés pour mieux engeigner les bonnes créatures dans leurs détestables machinations.

Trésor des Fèves était réservé dans ses entreprises, mais soudain dans ses résolutions ; il exhiba donc hâtivement de sa bougette le porte-manteau qu'il y avait glissé à côté de sa calèche ; il en détacha le second de ses petits pois, l'ouvrit comme il avait fait le premier et la calèche, et sema son contenu en terre, à la pointe de la serfouette. — Il en arrivera ce qui pourra, dit-il ; mais j'aurais grand besoin cette nuit d'une muraille solide, ne fût-elle pas plus épaisse que celle de la chaumine, et d'une claie bien serrée, ne fût-elle pas plus forte que celle de mes échaliers, pour me défendre de messieurs les loups.

Et des murailles se dressèrent, non pas murailles de chaumine, mais murailles de palais ; et des claies germèrent devant les portiques, non pas des claies en façon d'échaliers, mais hautes grilles seigneuriales d'acier bleu, à flèches et buissons dorés, où loup, ni blaireau, ni renard n'aurait passé sans se meurtrir ou se navrer la fine pointe de son museau. Au point où en était alors la stratégie des loups, l'armée des loups n'y avait que faire. Après avoir tenté quelques pointes, elle se retira en mauvais ordre.

Tranquille sur la suite de cet événement, Trésor des Fèves regagna son pavillon; mais ce fut cette fois sur des parvis de marbre, à travers des péristyles illuminés comme pour une noce, des escaliers qui montaient toujours et des galeries sans fin. Il fut tout aise de retrouver son pavillon de fleurs de pois au cœur d'un grand jardin verdoyant et florissant qu'il ne se connaissait pas, et son lit de plumes de colibri, où je suppose qu'il dormit plus heureux qu'un roi. On sait que je n'exagère jamais.

Son premier soin du lendemain fut de visiter la somptueuse demeure qu'il s'était trouvée dans un petit pois, et dont les moindres beautés le remplirent d'étonnement, car l'ameublement répondait très bien à la bonne mine du dehors. Il examina en détail son musée de tableaux, son cabinet des antiques, son casier de médailles, ses insectes, ses coquillages, sa bibliothèque, délicieuses merveilles encore nouvelles pour lui. Ses livres le charmèrent surtout par le goût délicat qui avait présidé à leur choix. Ce qu'il y a de plus exquis dans la littérature et de plus utile dans les sciences humaines s'y trouvait rassemblé pour le plaisir et l'instruction d'une longue vie, comme les Aventures de l'ingénieux don Quichotte de la Manche, les chefs-d'œuvre de la *Bibliothèque bleue*, de la fameuse édition de M*me* Oudot ; des contes de fées de toute sorte, avec de belles images en taille-douce ; une collection de Voyages curieux et récréatifs, dont les plus authentiques étaient déjà ceux de Robinson et de Gulliver ; d'excellents Almanachs pleins

Il descendit ses degrés de marbre plus triste... (Page 68.)

d'anecdotes divertissantes et de renseignements infaillibles sur les phases de la lune et les jours propres aux semailles ; des Traités innombrables, écrits d'une manière fort simple et fort claire, sur l'agriculture, le jardinage, la pêche à la ligne, la chasse au filet, et l'art d'apprivoiser les rossignols ; tout ce qu'on peut désirer enfin quand on est parvenu à connaître ce que valent les livres de l'homme et son esprit ; il n'y avait d'ailleurs point d'autres savants, point d'autres philosophes, point d'autres poètes, par la raison incontestable que tout savoir, toute philosophie, toute poésie sont là, ou ne seront jamais nulle part : c'est moi qui vous en réponds.

Pendant qu'il procédait ainsi à l'inventaire de ses richesses, Trésor des Fèves se sentit frappé du reflet de son image dans un des miroirs dont tous les salons étaient ornés. Si la glace n'était menteuse, il devait avoir grandi, ô prodige ! de plus de trois pieds depuis la veille ; et la moustache brune qui ombrageait sa lèvre supérieure annonçait distinctement en effet qu'il commençait à passer d'une adolescence robuste à une jeunesse virile. Ce phénomène le travaillait un peu, quand une riche pendule, placée entre deux trumeaux, lui permit de l'éclaircir à son grand regret: une des aiguilles marquait le quantième des années, et Trésor des Fèves s'aperçut, à n'en pas douter, qu'il avait réellement vieilli de six ans.

— Six ans! s'écria-t-il, malheur à moi! Mes pauvres parents sont morts de vieillesse et peut-être de besoin! peut-être, hélas! sont-ils morts de la douleur de ma perte! et qu'auront-ils pensé, en mourant, de mon cruel abandon ou de ma pitoyable infortune? Je comprends, calèche maudite, que tu fasses bien du chemin, car tu dévores bien des jours dans tes minutes! Partez donc, partez donc, pois chiche! continua-t-il en tirant le pois chiche de sa bougette, et en le lançant par la fenêtre. Allez si loin, damné de pois chiche, que l'on ne vous revoie jamais ! — Aussi, n'a-t-on jamais revu, à ma connaissance, de pois chiche en façon de chaise de poste qui fît cinquante lieues à l'heure.

Trésor des Fèves descendit ses degrés de marbre plus triste qu'il n'avait jamais fait l'échelle du grenier aux fèves. Il sortit du palais sans le voir ; il chemina dans ses plaines incultes, sans prendre garde si les loups n'y avaient pas insolemment bivouaqué pour le menacer d'un blocus. Il rêvait en marchant, se frappait le front de la main, et pleurait quelquefois.

— Et qu'aurais-je à souhaiter, maintenant que mes parents n'existent plus ? dit-il en tournant machinalement son porte-manteau entre ses doigts... Maintenant que Fleur des Pois est depuis six ans mariée, car c'était le jour où je l'ai vue qu'expirait sa dixième année, et cette époque est celle du mariage des princesses de sa maison ! D'ailleurs son choix était fait. — Que m'importe le monde entier, le monde qui ne se composait pour moi que d'une chaumine et d'un champ de fèves que vous ne me rendrez jamais, petit pois vert, ajouta-t-il en le détachant de sa gousse, car les jours si doux de l'enfance ne se renouvellent plus. Allez, petit pois vert, allez où Dieu vous portera, et produisez ce que vous devez produire à la gloire de votre maîtresse, puisque c'en est fait de mes vieux parents, de la chaumine, du champ de fèves et de Fleur des Pois ! Allez, petit pois vert, allez bien loin !

Et il le lança de si grande force que le petit pois vert aurait facilement rattrapé le gros pois chiche, si cela avait été de sa nature. — Après quoi, Trésor des Fèves tomba par terre d'accablement et de douleur.

Quand il se releva, tout l'aspect de la plaine était changé. C'était jusqu'à l'horizon une mer sans bornes de brune ou de riante verdure, sur laquelle se roulaient comme des flots confus, au petit souffle des brises, de blanches fleurs à la carène de bateau et aux ailes de papillon, lavées de violet comme celle des fèves, ou de rose comme celle des pois ; et quand le vent courbait ensemble tous leurs fronts ondoyants, toutes ces nuances se confondaient dans une nuance inconnue, qui était plus belle mille fois que celle des plus beaux parterres.

Trésor des Fèves s'élança, car il avait tout revu, le champ agrandi, la chaumine embellie, son père et sa mère vivants, et qui accouraient au-devant de lui, bien qu'un peu cassés, de toute la force de leurs jambes, pour lui apprendre comment, depuis le jour de son départ, ils n'avaient jamais manqué de recevoir de ses nouvelles tous les soirs, avec quelques gracieusetés qui ameilleuraient leur vie, et de bonnes espérances de retour qui les avaient sauvés de mourir.

Trésor des Fèves, après les avoir tendrement embrassés, leur donna ses bras pour l'accompagner à son palais. A mesure qu'ils en approchaient, le vieux et la vieille s'ébahissaient de plus en plus, et Trésor des Fèves aurait craint de troubler leur joie. Il ne put cependant s'empêcher de dire en soupirant :

— Ah ! si vous aviez vu Fleur des Pois ! Mais il y a six ans qu'elle est mariée !

— Et que je suis mariée avec toi, dit Fleur des Pois en ouvrant la grille à deux battants. Mon choix était fait alors, t'en souvient-il ? Entrez ici, continua-t-elle en baisant le vieux et la vieille qui ne pouvaient se lasser de l'admirer, car elle était aussi grandie de six ans, et l'histoire indique par là qu'elle en avait seize. — Entrez ici chez votre fils : c'est un pays d'âme et d'imagination où l'on ne vieillit plus et où l'on ne meurt pas.

Il était difficile d'apprendre une meilleure nouvelle à ces pauvres gens.

Les fêtes du mariage s'accomplirent dans toute la splendeur requise entre de si grands personnages, et leur ménage ne cessa jamais d'être un parfait exemple d'amour, de constance et de bonheur.

C'est ainsi que finissent les contes de fées.

FIN

Tours, imp. Deslis Frères, 6, rue Gambetta.

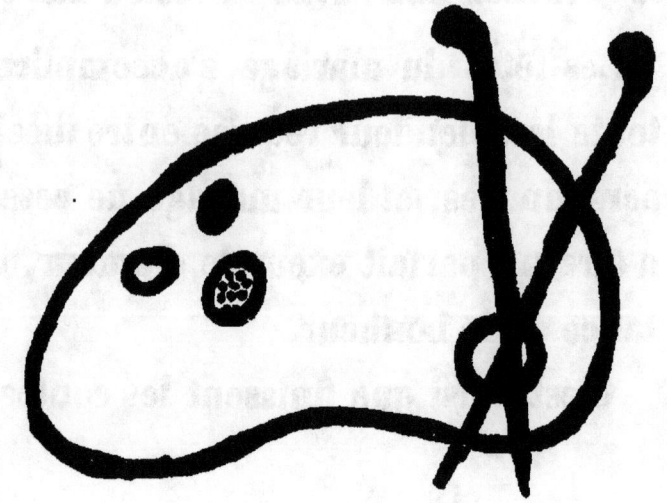

Original en couleur
NF Z 43-120-8

www.ingramcontent.com/pod-product-compliance
Lightning Source LLC
LaVergne TN
LVHW051504090426
835512LV00010B/2330